AF590567

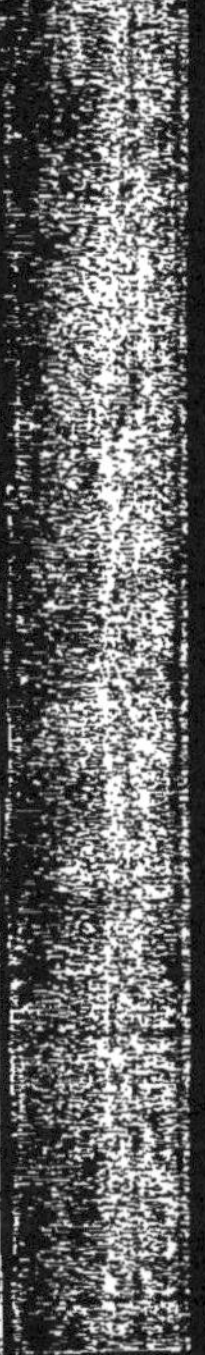

8° Yth
6135
et 6135 bis

ERIGONE,

BALLET,

Représenté devant le ROI, pour la premiere fois, sur le Théatre des petits Appartemens à Versailles, le 21 Mars 1748; & remis sur le même Théatre, en présence de SA MAJESTÉ, le Mardi 3 Février 1750.

Imprimé par exprès Commandement de
SA MAJESTÉ.

M. DCC. L.

Les Paroles sont de M. DE LA BRUERE.

La Musique est de M. MONDONVILLE, *Maître de la Musique de la Chapelle du* ROI.

Les Danses sont de la composition de M. DEHESSE.

ORCHESTRE.

Clavecin,	*M. Ferrand.*
Violoncelles,	*M. Jeliote,* *M. Labbé l.* *M. Chrétien,* *M. Picot,* *M. Duport,* *M. Antonio,* *M. Dubuiſſon.*
Baſſons,	*M. le Prince de* DOMBES, *M. Marliere,* *M. Blaiſe,* *M. Brunel.*
Violes,	*M. de Dampiere,* *M. le Marquis de Sourches.*
Flutes,	*M. de Buſſillet,* *M. Blavet.*
Hautbois,	*M. Deſelles,* *M. Deſjardins.*
Violons, premiers-deſſus,	*M. Mondonville,* *M. Lalande,* *M. le Roux,* *M. de Courtaumer,* *M. Mayer.*
Violons, ſeconds-deſſus,	*M. Guillemain,* *M. Marchand,* *M. Caraffe l.* *M. Fauchet,* *M. Belleville.*
Trompette,	*M. Caraffe c.*
Cor-de-Chaſſe,	*M. Caraffe 3me.*

CHŒURS CHANTANS.

Côté du ROI.

Mlles

De Selle, *Canavas*, *Ducros*. } Dessus.

M^rs

Camus, *Gerome*. } Dessus.

Le Begue, *Poirier*. } Haute-Contres.

Daigremont, *Cardonne*. } Tailles.

Benoist, *Ducros*, *Dupuis*, *Joguet*. } Basses.

Côté de la REINE.

Mlles

Godonesche, *Daigremont*, *Bezin*. } Dessus.

M^rs

Falco, *Francisque*, *Benoist fils*. } Dessus.

Bazire, *Dugué*. } Haute-Contres.

Richer, *Tavernier*. } Tailles.

Godonesche, *Dubourg*, *Dousin*. } Basses.

M. DE BURY *sur le Théatre, pour la conduite du Spectacle.*

ACTEURS.

ERIGONE.	*Madame la Marquise* DE POMPADOUR.
BACCHUS.	*Monsieur le Duc* D'AYEN.
AUTONOÉ, l'une des Nymphes qui ont élevé Bacchus.	*Madame* TRUSSON.
UN SUIVANT DE BACCHUS.	*Monsieur le Chevalier* DE CLERMONT.

CORYBANTES & SYLVAINS de la Suite de BACCHUS.

NYMPHES de la Suite d'ERIGONE.

PERSONNAGES DANSANS.

UN SYLVAIN.

Monſieur le Marquis DE COURTANVAUX.

UN AUTRE SYLVAIN.

Monſieur le Comte DE LANGERON.

SYLVAINS.

Meſſieurs *Beat*, *la Riviere*, *Boucher*, *Lepy*, *Gougis*, *Berterin*.

NYMPHES.

Meſdemoiſelles *Puvigné*, *Camille*, *Reyx*, *Marquiſe*, *Chevrier*, *Dorſeuil.*

ERIGONE,

BALLET.

Le Théatre représente un Bocage.

SCENE PREMIERE.

ERIGONE seule.

DIEU des Amans, reçoi les vœux
D'une Amante qui t'implore :
Mets ta flamme dans mes yeux,
Pour triompher du Héros que j'adore.

Bacchus, ce fier Vainqueur de nos riches climats,
M'inspire l'ardeur la plus vive :

Hélas! la gloire seule a pour lui des appas.
Amour, qu'enfin ton régne arrive.

Dieu des Amans, &c.

SCENE SECONDE.

ERIGONE, AUTONOÉ.

AUTONOÉ.

Belle Nymphe, esperez le sort le plus heureux;
Le Destin a parlé, le Destin sert vos feux.

Le Dieu qui de Bacchus me confia l'enfance,
M'ordonne dans ce jour de servir votre ardeur;
Et c'est par le don de son cœur
Qu'il veut que ce Héros commence
A connoître le vrai Bonheur.

ERIGONE.

O Ciel!

AUTONOÉ.

Pour triompher de son indifférence,

J'aſſemble les Plaiſirs dans ce Bois écarté ;
L'empire de la Beauté
Eſt fondé ſur leur puiſſance.

ERIGONE.

Dieux de Cythere, enchantez ce Séjour ;
Aux yeux de mon Vainqueur faites briller vos charmes ;
Préparez vos plus douces armes
Pour le triomphe de l'Amour.

On entend un Prélude.

AUTONOÉ.

La Troupe des Sylvains accourt dans cet azile ;
Attendez pour paroître un moment plus tranquile.

Erigone ſe retire.

SCENE TROISIÉME.

BACCHUS, AUTONOÉ, CORYBANTES, ET SYLVAINS.

LE CHŒUR.

LA Victoire vole à ta voix ;
Qu'elle ſuive tes pas du Couchant à l'Aurore :
Bacchus, que l'Univers t'adore ;
C'eſt le Plaiſir qui diſpenſe tes Loix.

On danſe.

BACCHUS.

Je reconnois vos ſoins, & cette ardeur ſincere ;
Mais laiſſez-moi goûter les charmes du repos :
Allez vous préparer pour des plaiſirs nouveaux ;
Laiſſez-moi reſpirer dans ce Lieu ſolitaire.

La Suite de Bacchus ſe retire.

SCENE QUATRIÉME.

BACCHUS, AUTONOÉ.

AUTONOÉ.

OUi, vous êtes le Fils & l'Image des Dieux;
Vous semblez lancer leur Tonnerre;
Vous domptez l'Univers, vous le rendez heureux.

Vous avez fait à la Terre
Un don envié par les Cieux;
Et le Char du Dieu de la Guerre
Est environné par les Jeux.

BACCHUS.

Le charme des Plaisirs, & l'éclat de la Gloire,
Semblent me faire un sort flateur;
Cependant, pouvez-vous le croire?
Au sein de l'Allegresse, au sein de la Victoire,
Entouré des Plaisirs, j'ignore le Bonheur.

Ces cris de mes Sylvains, ces clameurs de Bellone,
Ce tumulte qui m'environne,
N'ont-ils qu'un prestige imposteur?

Dès qu'il cesse, rien ne me reste,
Qu'une langueur funeste
Qui consume mon cœur.

AUTONOÉ.

Cette langueur étrange
Est un châtiment de l'Amour;
Vous l'avez fui jusqu'à ce jour:
C'est ce Dieu jaloux qui se vange.

Mais vos malheurs ne sont pas sans retour.

Une Enchanteresse charmante
Habite en ces lieux;
Sa voix menaçante
N'ouvre point l'Enfer affreux:
Plus douce & plus puissante,
Sa Magie est dans ses yeux.
L'Amour vole à sa voix touchante,
C'est l'ouvrage d'un moment;
Et des Cœurs charmés qu'elle enchante,
Rien ne détruit l'enchantement.
Regardez ce Séjour champêtre,
C'est son Palais; mais je la vois paroître.

SCENE CINQUIÉME.

BACCHUS, AUTONOÉ, ERIGONE paroît, suivie de ses Nymphes qui dansent autour d'elle, pendant qu'Autonoé chante.

AUTONOÉ.

L'Amour suit cet Objet charmant ;
C'est l'ornement
De son aimable Empire :
Venus l'inspire ;
Venus sçût l'instruire
De ses Secrets divins :
Les Ris badins,
De leurs traits l'armerent ;
Et les Graces qui la formerent,
Les Graces même envierent
L'ouvrage de leurs mains.

BACCHUS.

Dieux ! quel charme inconnu me ranime & m'enflâme !
Ses regards entraînent mon âme ;

Le volage essain des Zéphirs
Sème des fleurs autour d'elle ;
Sur ses pas l'Amour appelle
Et rassemble les Plaisirs :
On la voit, on l'adore ;
Et l'on n'a plus d'autres desirs
Que de la voir encore.

ERIGONE.

De la Gloire terrible
Suspendez les travaux :
Je chante un Vainqueur plus paisible ;
Le Plaisir porte ses Drapeaux :
Il ne faut qu'un Cœur sensible
Pour être au rang de ses Héros :
Comme vous il est invincible,
Mais ses triomphes sont plus beaux.

BACCHUS.

Quel trouble votre aspect m'inspire !
Nymphe, en vous écoutant, à peine je respire.
Mon sort rendoit les Dieux jaloux ;
La Gloire & les Plaisirs avoient suivi mes armes :

Mais depuis que je vois vos charmes,
Je ſens qu'il eſt des biens plus doux;
Mais depuis que je vois vos charmes,
Mon cœur ne connoît plus que vous.

ERIGONE.

Vous cherchiez le bonheur au milieu des allarmes.
C'eſt l'Amour, ce ſont ſes fers
Qui font le bonheur ſuprême;
C'eſt dans le cœur de ce qu'on aime
Qu'il faut chercher des biens ſi chers.
Vos plaiſirs, vos exploits divers,
N'avoient pour objet que vous-même;
Vous étiez ſeul dans l'Univers.

BACCHUS.

Vous enchantez mon cœur, je vois que la Nature
Imite mes transports:
Les Roſſignols ſous la verdure
Forment de plus tendres accords;
Le ruiſſeau qui baigne ces bords,
Coule avec un plus doux murmure:

Mille naissantes fleurs brillent de toutes parts ;
Et ces lieux où renaît une clarté plus pure,
S'embellissent par vos regards.

ERIGONE.

Non, rien de ces beaux lieux n'a changé le spectacle,
Et c'est dans votre cœur que s'est fait le miracle.
Tout s'embellit aux regards des Amans ;
Ils ont mille plaisirs charmans
Inconnus à l'indifférence :
Sur tout ce qui les suit, les traits que l'Amour lance,
Versent leurs doux enchantemens ;
Et le plaisir d'aimer donne sa violence
A tous leurs sentimens.
Non, ce n'est qu'aux Amans heureux
Que la Nature paroît belle ;
C'est pour eux seuls que Zéphir amoureux
Fait éclore la fleur nouvelle,
Et les Oiseaux ne chantent que pour eux.

BACCHUS.

C'est l'Amour qui triomphe, il faut enfin se rendre.

Mais

Mais vous, Objet divin, vous dont la voix si tendre,
Sur les secrets d'amour a daigné m'éclairer,
Votre cœur veut-il ignorer
Ce que vos yeux ont sçu m'apprendre?

ERIGONE.

Non, je sentois ces feux que je peignois si bien;
J'avois, en vous voyant, appris à les connaître;
Et si mon cœur fut votre maître,
L'Amour lui-même fut le mien.

BACCHUS.

Ah! la Félicité par votre voix m'appelle.

TOUS DEUX.

Amour, lance tes traits, épuise ton Carquois;
Brûlons d'une flamme éternelle;
Que sur une chaîne si belle
L'inconstance n'ait point de droits.

BACCHUS.

Ménades & Sylvains, accourez à ma voix.

SCENE SIXIÉME.

LES MÊMES, TROUPE DE SYLVAINS ET CORYBANTES, NYMPHES DE LA SUITE D'ERIGONE.

BACCHUS aux Sylvains.

CHantez dans vos Fêtes charmantes
La victoire d'Amour, le bonheur de Bacchus;
Portez dans vos mains triomphantes
Le Flambeau du Fils de Venus.

LE CHŒUR.

Chantons dans nos Fêtes charmantes
La victoire d'Amour, le bonheur de Bacchus;
Portons dans nos mains triomphantes
Le Flambeau du Fils de Venus.

UN SUIVANT DE BACCHUS, à Erigone.

Laissez voler sur vos traces
Les Ris qui nous suivent toujours;
Qu'ils viennent animer les Graces,

Et prêter des traits aux Amours.
Enchantez deux Amans fidelles,
Plaisirs, couronnez leur ardeur;
Formez des chaînes éternelles
Pour votre gloire & leur bonheur.

Laissez voler, &c.

On danse.

ERIGONE.

L'Amour triomphe malgré nous,
Mais sa victoire a mille charmes;
Peut-on résister à ses coups?
C'est dans nos cœurs qu'il prend ses armes.

Héros favoris de la gloire,
Ecoutez les tendres desirs;
De vos exploits divers nous gardons la mémoire,
Faites-nous chanter vos plaisirs.

On danse.

On reprend le Chœur.

www.ingramcontent.com/pod-product-compliance
Ingram Content Group UK Ltd.
Pitfield, Milton Keynes, MK11 3LW, UK
UKHW022156260726
13993UKWH00005B/2397